Unia Genosis

ROSEN-KRIEG - Vierter Band

Unia Genosis

ROSEN-KRIEG - Vierter Band

"war of the roses" / "guerre des roses"

Goldene Rakete Verlag für Belletristik

Imprint

Any brand names and product names mentioned in this book are subject to trademark, brand or patent protection and are trademarks or registered trademarks of their respective holders. The use of brand names, product names, common names, trade names, product descriptions etc. even without a particular marking in this work is in no way to be construed to mean that such names may be regarded as unrestricted in respect of trademark and brand protection legislation and could thus be used by anyone.

Cover image: www.ingimage.com

Publisher:
Goldene Rakete Verlag für Belletristik
is a trademark of
International Book Market Service Ltd., member of OmniScriptum Publishing Group
17 Meldrum Street, Beau Bassin 71504, Mauritius

Printed at: see last page
ISBN: 978-620-2-44415-6

Inhaltsverzeichnis:

I. Zugewinn (2014-2016):

1. Schreiben Kanzlei „ehr&wehr“:[1]

Berechnung des Zugewinnausgleichs
in Sachen A.

Version: 7.0-W

Anfangsdatum: 26.07.2001
Enddatum: 20.01.2012

A. Zugewinn von A.

I. Endvermögen:

Vermögenswerte:

1. Haus: 100.000,00 Euro
2. Kontostand: 3.000,00 Euro

§ 1375 Abs. 1 BGB: 103.000,00 Euro

II. Anfangsvermögen:

Vermögenswerte:

3. …: 0,00 Euro

§ 1374 Abs. 1 BGB: 0,00 Euro

Zurechnungen nach Abs. 2:

Zeitpunkt: 2009: 11.000 * 104,1 / 98,9 = 11.578

4. Auto von Mutter geschenkt: 11.578,00 Euro

[1] 17.02.2014

Zeitpunkt: 2011: 70.000 * 104,1 / 102,1 = 71.371

5. **Erbe vom Vater: 71.371,00 Euro**

   Zeitpunkt: 2007: 30.000 * 104,1 / 96,1 = 32.497

6. **Schenkungen von Mutter: 32,497,00 Euro**

   Zeitpunkt: 2011: 50.000 * 104,1 / 102,1 = 50.979

7. **Schenkung von Mutter: 50.979,00 Euro**

   Insgesamt: 166.425,00 Euro

III. Zugewinn: 0,00 Euro

B. Zugewinn von G.

I. Endvermögen:

Vermögenswerte:

8. Haus: 120.000,00 Euro
9. Auto: 10.000,00 Euro

   § 1375 Abs. 1 BGB: 130.000,00 Euro

II. Anfangsvermögen:

Vermögenswerte:

10. Erspartes: 40.000,00 Euro

    § 1374 Abs. 1 BGB: 40.000,00 Euro

    * 104,1 / 87,4 = 47.643,00 Euro

Zurechnungen nach Abs. 2:

Zeitpunkt: 2002: 5.000 * 104,1 / 86,6 = 5.875

11. **Schenkung Mutter: 5.875,00 Euro**

III. Zugewinn: 76.482,00 Euro

C. Ausgleichsanspruch:

Zugewinn von A.: 0,00 Euro

Abz. Zugewinn von G.: -76.482,00 Euro

Ausgleichspflicht G.: 38.241,00 Euro

2. Schreiben Kanzlei „Schleiereule":[2]

Sehr geehrter Herr Kollege,

abschließend teilen wir mit, dass wir auch bezüglich möglicher Zugewinnausgleichsansprüche, die wohl derzeit von Ihrem Mandanten in den Raum gestellt werden, mandatiert sind.

Mit freundlichem kollegialem Gruß

Rechtsanwältin

[2] 21.02.2014

3. Schreiben Kanzlei „ehr&wehr“:[3]

Sehr geehrte Frau Kollegin,

in Sachen G. teilten Sie mit Ihrem Schreiben vom 21.02.2014 mit, dass Sie auch bezüglich der Frage des Zugewinnausgleichs zwischen den Mandanten mandatiert sind. Ich gehe davon aus, dass Ihre Mandantin Ihnen unseren Entwurf vom 17.02.2014 mit völlig vorläufigen Zahlen übermittelt hat. Vorsorglich darf ich diesen Entwurf als **Anlage** in Kopie beifügen.

Mit freundlichen kollegialen Grüßen

Rechtsanwalt

[3] 05.05.2014

4. Schreiben Kanzlei „Schleiereule“:[4]

G. ./. A.
Wg. Zugewinn

Ihr Schreiben vom 05.05.2014

Sehr geehrter Herr Kollege,

in obiger Sache nehmen wir Bezug auf Ihr genanntes Schreiben und bitten, die späte Beantwortung zu entschuldigen.

Nach ausführlicher Rücksprache mit unserer Mandantin haben wir eine Zugewinnsausgleichsberechnung erstellt, die wir Ihnen in der Anlage beifügen.

Wir haben diese mit zwei Spalten vorgenommen, um die unterschiedlichen Zahlen nebeneinander darstellen zu können. Wir sind bei Ihrem Mandanten entsprechend von dessen Angaben ausgegangen und haben bei unserer Mandantin die notwendigen Änderungen bzw. Ergänzungen vorgenommen. Alles Angaben unserer Mandantin sind durch Belege nachweisbar, bis auf die Werte der PKWs, die geschätzt sind.

[4] 08.07.2014

Wie aus der Berechnung ersichtlich ist, hat auch unsere Mandantin während der Ehe keinen Zugewinn erzielt, da Ihr Anfangsvermögen erheblich höher ist.

Wir gehen davon aus, dass Ihr Mandant hier keinerlei Ausgleichsansprüche mehr geltend machen kann.

Bei weiterer Korrespondenz bitten wir zu berücksichtigen, dass sich die Unterzeichnende vom 14.07. bis 01.08.2014 in Urlaub befindet.

Mit freundlichem kollegialem Gruß

Rechtsanwältin

4. Schreiben Kanzlei „ehr&wehr“:[5]

Sehr geehrte Frau Kollegin,

in vorbezeichneter Zugewinnsache danke ich für Ihr Schreiben vom 08.07.2014. Nach Rücksprache mit meinem Mandanten bittet dieser um Vermittlung der Belege für das Anfangsvermögen Ihrer Mandantin zu Ziffern 12 – 19 Ihres Ausdrucks vom 08.07.2014.

Mit freundlichen kollegialen Grüßen

Rechtsanwalt

[5] 23.07.2014

5. Schreiben Kanzlei „Schleiereule“:[6]

Sehr geehrter Herr Kollege,

in obiger Sache nehmen wir Bezug auf Ihr genanntes Schreiben.

Da sich die Beschaffung der entsprechenden Nachweise zum Anfangsvermögen länger als gedacht hingezogen hat und die Unterzeichnende bis zum 05.10.2014 nicht im Büro ist, werden wir Ihnen die Unterlagen erst in der übernächsten Woche zusenden können.

Mit freundlichem Gruß

Rechtsanwältin

[6] 29.09.2014

6. Schreiben Frau G. an Rechtsanwältin:[7]

Zugewinn

Sehr geehrte Frau Rechtsanwältin,

der Mandant des Herr Rechtsanwaltes möge sämtliche Belege für sein Anfangs- und Endvermögen beibringen.

Insbesondere wird um den Nachweis des exakten Kontostandes mit Stichtag 26.07.2001 (Ziffer 4 seines Ausdrucks) gebeten.

Ebenso sollen Nachweise für die jeweiligen Schenkungen (inkl. des PKWs) bzw. des Erbes erbracht werden.

Darüber hinaus sind zudem der Kaufpreis und Verkehrswert seines Hauses zu belegen.

Mit freundlichen Grüßen

(Frau G.)

---

[7] 12.10.2014

7. Schreiben Kanzlei „ehr&wehr“:[8]

Sehr geehrte Frau Kollegin,

in der Zugewinnsache A. / G. hatten Sie mit Ihrem Schreiben vom 28.09.2014 baldige Übersendung der Nachweise Ihrer Mandantin zugesagt. Bisher sind diese nicht eingegangen. Ich darf deshalb höfllichst hieran erinnern.

Mit freundlichen kollegialen Grüßen

Rechtsanwalt

[8] 26.11.2014

8. Schreiben Kanzlei „Schleiereule“ an Frau G.:[9]

Sehr geehrte Frau G.,

ich schaffe es doch nicht mehr zwischen den Jahren, die Gegenseite wegen des Zugewinns und des Kindesunterhalts anzuschreiben ...

Ich werde dies nach Rückkehr aus meinem Urlaub ab 12.01.2015 tun und mich spätestens am 14.01.2015 bei Ihnen melden.

Bezüglich des Auskunftsverlangens habe ich die Gegenseite telefonisch vertröstet.

Mit freundlichem Gruß

Rechtsanwältin

[9] 30.12.2014

9. Schreiben Kanzlei „ehr&wehr“:[10]

Sehr geehrte Frau Kollegin,

in der Zugewinnsache A/G liegt bisher keinerlei Unterlage zu den Angaben zum Zugewinnausgleich vor, obwohl Sie diese bereits für die 3. KW 2015 zugesagt hatten und ich mit Schreiben vom 22.01.2015 daran erinnert hatte.

Ich gehe davon aus, dass sich ein Rechtsstreit auf Auskunft in dieser Angelegenheit erübrigt und darf den Eingang der Unterlagen bis zum **17.04.2015** erwarten.

Mit freundlichen kollegialen Grüßen

Rechtsanwalt

[10] 23.03.2015

10. Schreiben Kanzlei „Schleiereule“:[11]

G. ./. A.
Wg. Zugewinn

Sehr geehrter Herr Kollege,

in obiger Sache kommen wir auf Ihr Schreiben vom 26.11.2014 zurück.

Wir haben die Nachweise für die seinerzeit von Ihnen monierten Positionen 12 bis 19 unserer Zugewinnberechnung vom 08.07.2014 sowie eine entsprechend abgehänderte neue Zugewinnberechnung hier vorliegen.

Wir werden Ihnen diese Unterlagen jedoch erst dann zusenden, wenn Ihr Mandant uns zuvor seinerseits Auskunft mit den dazu notwendigen Nachweisen über sein Endvermögen und Anfangsvermögen (Positionen 1. bis 8.) erteilt hat.

Mit freundlichem kollegialem Gruß

Rechtsanwältin

[11] 17.04.2015

11. Schreiben Kanzlei „Schleiereule“ an Frau G.:[12]

G. ./. A.
Wg. Zugewinn

Sehr geehrte Frau G.,

in obiger Sache ist nach unserer Auffassung mit Ablauf des 31.12.2015 der Anspruch der Gegenseite auf Zugewinnausgleich nunmehr verjährt.

Sollte hier tatsächlich doch noch etwas geltend gemacht werden, so ist die Einrede der Verjährung dem entgegenzusetzen, mit der Folge, dass ein etwaiger Anspruch keine Aussicht auf Erfolg haben dürfte.

Da unsere Tätigkeit damit beendet ist, erlauben wir uns, Ihnen die beigefügte Kostennote mit der Bitte um Ausgleich zu übersenden.

Mit freundlichem Gruß

Rechtsanwältin

[12] 14.01.2016

II. Kindesunterhalt (2014-2016):

1. Schreiben Kanzlei „ehr&wehr“ an Frau G.:[13]

Unterhalt für die älteste Tochter

Sehr geehrte Frau G.,

bekanntlich vertreten wir die rechtlichen Interessen Ihres geschiedenen Ehemannes, Herrn A. Kopie der Vollmacht fügen wir als **Anlage** bei.

Der Bezug von Arbeitslosengeld I durch unseren Mandanten endete mit dem 26.01.2014. eine Kopie des entsprechenden Schreibens der zuständigen Schreibens der zuständigen Arbeitsagentur fügen wir als **Anlage** bei. Unser Mandant hat beim zuständigen Jobcenter Antrag auf Arbeitslosengeld II und Leistungen nach SGB II gestellt, bisher jedoch noch keinen Bescheid erhalten.

Aufgrund des Auslaufens des ALG I ist er derzeit bedauerlicherweise nicht in der Lage, den Unterhalt für die gemeinsame Tochter, der in der Jugendamtsurkunde vom 24.05.2011 tituliert worden ist, zu leisten.

Wir bitten deshalb um Ihre Zustimmung dazu, dass unser Mandant derzeit und bis auf Weiteres, bis sich seine Einkommenssituation zum Positiven ändert, keinen Unterhalt leisten muss und Sie insoweit auf den

[13] 19.02.2014

in der Urkunde titulierten Unterhalt verzichten und aus dieser Urkunden nicht vollstrecken werden.

Wir bitten um Ihre Antwort bis zum 27.02.2014.

Mit freundlichem Gruß

Rechtsanwalt.

2. Schreiben Kanzlei „Schleiereule“:[14]

G. ./. A.

Wg. Kindesunterhalt u.a.

Ihr Schreiben vom 20.02.2014

Sehr geehrter Herr Kollege,

in obiger Sache nehmen wir Bezug auf Ihr genanntes Schreiben und teilen Ihnen zunächst mit, dass wir Frau G. auch weiterhin anwaltlich vertreten. Wir bitten daher darum, die Korrespondenz künftig mit uns zu führen.

Nach Rücksprache mit unserer Mandantin sichern wir zu, dass aus dem titulierten Anspruch nicht vollstreckt wird. Wir fordern allerdings Ihren Mandanten auf, seine Leistungsfähigkeit zu belegen durch Vorlage des ablehnenden Bescheides über den Bezug von SGB II bzw. ALG II Leistungen. Wir gehen davon aus, dass ein solcher bis zum 28.02.2014 vorgelegt werden kann.

Der Ordnung halber informieren Sie noch darüber, dass unsere Mandantin inzwischen für die jüngere Tochter Leistungen nach dem UVG in Höhe von 180 EUR bewilligt bekommen hat. Für die ältere Tochter kommt diese Möglichkeit leider nicht mehr in Betracht.

[14] 21.02.2014

Abschließend teilen wir mit, dass wir auch bezüglich möglicher Zugewinnausgleichsansprüche, die wohl derzeit von Ihrem Mandanten in den Raum gestellt werden, mandatiert sind.

Mit freundlichem kollegialem Gruß

Rechtsanwältin

3. Schreiben Frau G. an Rechtsanwältin:[15]

Verpflichtung zur Zahlung von Unterhalt / Kindesunterhalt

Sehr geehrte Frau Rechtsanwältin,

es ist mein Wunsch, den **Titel vom 24.05.2011** (Urkunde über die Verpflichtung zum Unterhalt, Kreisverwaltung, Abteilung Jugend und Familie, Urkd.-Reg.-Nr.: 2011 bzw. Urkd.-Reg.-Nr.: 2011) **zu vollstrecken** und **den seit Januar 2014 säumigen Kindesunterhalt** (dritte Altersstufe in Höhe von derzeit 426,00 € im Monat bzw. die zweite Altersstufe in Höhe von derzeit 364,00 €) **einzuklagen** (die sich so ergebenden Zahlbeträge vermindern sich um das hälftige staatliche Kindergeld für ein erstes Kind, das sich derzeit auf 92,00 € im Monat beläuft).

Für die ältere Tochter:	**426,00 € - 92,00 € = 334,00 €** **x 9 (Februar bis Oktober 2014)** **= 3.006,00 €**
Für die jüngere Tochter:	**364,00 € - 92,00 € = 272,00 €** **x 9 (Februar bis Oktober 2014)** **= 2.448,00 €**
Für beide Kinder:	**5.454,00 €.**

[15] 12.10.2014

Mit freundlichen Grüßen

(Frau G.)

4. Schreiben Kanzlei „Schleiereule“:[16]

G. ./. A.

Wg. Kindesunterhalt u.a.

Ihr Schreiben vom 11.06.2014

Sehr geehrter Herr Kollege,

in obiger Sache nehmen wir Bezug auf Ihr genanntes Schreiben, in dem Sie uns seinerzeit mitgeteilt hatten, dass Ihr Mandant eine Stelle gefunden hat, von der er hofft, dass sie ausbaufähig ist. Sie haben uns die Kopie der ersten Gehaltsabrechnung für den Monat Mai 2014 übersandt, aus der allerdings nicht hervorgeht, in welchem zeitlichen Umfang Ihr Mandant wieder erwerbstätig ist – bei einem Nettogehalt von nur 734,39 EUR ist allerdings von einer Teilzeitstelle auszugehen.

Da Ihr Mandant nach wie vor durch die Jugendamtsurkunden vom 24.05.2011 verpflichtet ist, für die beiden Kinder den Mindeskindesunterhalt von derzeit 334 EUR für die ältere Tochter und 272 EUR für die jüngere Tochter zu zahlen, fordern wir Ihren Mandanten zunächst auf, uns die vollständigen Gehaltsabrechnungen (mit Arbeitsstundenzahl) und gegebenenfalls weiterer Einkommensnachweise der Monate Mai 2014 bis einschließlich Oktober 2014 vorzulegen sowie darzulegen, in welchem Umfang er erwerbstätig ist und warum er nicht in Vollzeit arbeitet, um seiner Unterhaltsverpflichtung nachzukommen.

[16] 17.11.2014

Wir setzen Ihrem Mandanten zur Auskunft eine Frist bis zum 25.11.2014.

Ferner fordern wir Ihren Mandanten auf, ab Dezember 2014 den Mindestunterhalt für beide Kinder in Höhe von insgesamt 606 EUR bis zum 5. Eines jeden Monats im Voraus an unsere Mandantin zu überweisen.

Auf die noch ausstehenden Rückstände für 2014 werden wir nach Erhalt der Einkommensnachweise gesondert zurückkommen.

Wir machen Ihren Mandanten ausdrücklich darauf aufmerksam, dass wir Auftrag zur Zwangsvollstreckung aus den vorhandenen Unterhaltstiteln haben, sofern er unserer Aufforderung nicht nachkommt. Ihr Mandant wohnt mietfrei im eigenen Haus, sodass sein Selbstbehalt auf jeden Fall herabzusetzen ist.

Mit freundlichem kollegialem Gruß

Rechtsanwältin

5. Schreiben Kanzlei „ehr&wehr“ an Frau G.:[17]

Kindesunterhalt G./A.

Sehr geehrte Frau Kollegin,

in der vorbezeichneten Angelegenheit darf ich zunächst daran erinnern, dass Sie mit Ihrem Schreiben vom 21.02.2014 namens Ihrer Mandantin zugesichert haben, aus dem titulierten Anspruch nicht zu vollstrecken. Nunmehr drohen Sie im Gegensatz zu Ihrer vorbezeichneten Zusicherung Vollstreckung an, sodass Sie unseren Mandanten, wenn es hierbei bleiben sollte, zu einer gerichtlichen Abänderung des Unterhaltstitels zwingen.

Unser Mandant schuldet nämlich derzeit keine Unterhaltszahlung, da ihm dies schlechterdings nicht möglich ist.

Sie erhalten als **Anlage** in Kopie den Arbeitsvertrag unseres Mandanten. Unser Mandant konnte bei seinem Bruder, der im Aufbau einer Firma begriffen ist, eine Teilzeitstelle im Umfang von 15 Wochenstunden bekommen. Wenn der Aufbau dieser Firma gelingt, hat unser Mandant konkrete Aussicht und Zusage, seine Arbeitsstunden ausweiten zu können.

Sie erhalten als **Anlage** in Kopie die Gehaltsabrechnungen für die Monate April bis November 2014.

[17] 26.11.2014

Unser Mandant hat sich intensiv um eine Stelle beworben. Es liegen hier insgesamt 27 Absagen vor.

Unser Mandant hat zur Zeit wieder begonnen, noch weitere Bewerbungen zu versenden in der Hoffnung, dass der Mangel, der inzwischen eingetreten ist, dazu führen kann, nun doch noch eine Stelle zu erhalten. Er hat sich in der Vergangenheit und wird sich auch zukünftig überall für den Dienst bewerben.

Sie erhalten als **Anlage** in Kopie Aufstellungen unseres Mandanten über die Kosten des Hauses bezogen auf das Jahr 2013, wobei für Grundsteuer, Wasser und Abwasser, Versicherung, Müll, Schornsteinfeger ein Betrag von monatlich durchschnittlich 129,81 € anfällt, für Heizung und Warmwasser ein Durchschnittsbetrag von 276,80 €.

Im Dezember 2014 wird unser Mandant nach den dann vorliegenden Zahlen für das laufende Jahr neue Aufstellungen fertigen, die Sie dann erhalten werden.

Im Hinblick auf Ihre nunmehr ausgesprochene Drohung, entgegen Ihrer Zusage Vollstreckung aus den vorliegenden Jugendamtsurkunden einzuleiten, muss ich um Ihre Zusage bitten, dass dies nicht geschieht, wobei diese Zusage **innerhalb einer Woche** ab dem Datum des heutigen Schreibens erwartet wird, da anderenfalls unserem Mandanten zu raten ist, Abänderungs- und Vollstreckungsgegenantrag bei Gericht einzureichen.

Mit freundlichen kollegialen Grüßen

Rechtsanwalt

6. Schreiben Kanzlei „Schleiereule“:[18]

G./A.

Wg. Kindesunterhalt

Sehr geehrter Herr Kollege,

wir kommen zurück auf die Verpflichtung Ihres Mandanten dafür Sorge zu tragen, dass der Mindestunterhalt für die beiden Töchter gezahlt werden kann.

Bisher hat Ihr Mandant auf unser letztes Schreiben vom 17.11.2014, in dem wir ihn aufgefordert haben, uns vollständige Einkommensnachweise mit Angaben über die Zahl der Wochenarbeitsstunden zu übersenden sowie die Gründe dafür zu nennen, warum er nicht in Vollzeit arbeitet, nicht reagiert. Er ist auch unserer Aufforderung, ab Dezember 2014 den Mindestunterhalt für beide Kinder von derzeit 606 EUR (272 EUR für die jüngere Tochter und 334 EUR für die ältere Tochter) zu leisten, nicht nachgekommen.

Wir weisen darauf hin, dass Ihr Mandant mittlerweile genügend Karenzzeit hatte, seiner erhöhten Erwerbsobliegenheitsverpflichtung im Hinblick auf den Kindesunterhalt nachzukommen. Selbst bei dem von ihm nur angegebenen Einkommen von nur 734,39 EUR, abzüglich 5% für berufsbedingte Aufwendungen i.H.v. 36,72 EUR und einem ihm zuzurechnenden Wohnvorteil von mindestens geschätzten 400 EUR

[18] 31.03.2015

(100 qm à 4 EUR) verbleiben 1.097,67 EUR bereinigtes Einkommen. Bei einem notwendigen Selbstbehalt für 2014 von 800 EUR besteht noch Leistungsfähigkeit i.H.v. monatlich 297,67 EUR und ab 2015 bei einem Selbstbehalt von 880 EUR noch Leistungsfähigkeit i.H.v. monatlich 217,67 EUR.

Unsere Mandantin möchte zumindest diesen ihr zustehenden Unterhalt **ab Mai 2014 bis einschließlich März 2015, mithin eine Summe von insgesamt 3.034,37 EUR** (2.381,36 für 2014 und 653,01 EUR bis März 2015) **unverzüglich, bis spätestens zum 20.03.2015** überwiesen bekommen.

Ebenfalls bis zu diesem Zeitpunkt erwarten wir die oben geforderte vollständige Auskunft nebst Nachweisen, um zu entscheiden, ob auch der Mindestunterhalt in voller Höhe nachgefordert wird.

Sollte Ihr Mandant dieser Aufforderung nicht nachkommen, so wird ohne weitere Korrespondenz die Zwangsvollstreckung aus den bestehenden Titeln betrieben werden.

Mit freundlichem kollegialem Gruß

Rechtsanwältin

7. Schreiben Kanzlei „Schleiereule“:[19]

G./A.

Wg. Kindesunterhalt und Umgangsrecht

Sehr geehrter Herr Kollege,

in obiger Sache nehmen wir Bezug auf unser genanntes Schreiben und müssen leider feststellen, dass uns bis heute weder die geforderte Auskunft noch eine Stellungnahme zu dem zu zahlenden Kindesunterhalt vorliegt.

Wir fordern nochmals dazu auf mit letzter Fristsetzung bis zum 26.04.2015! Wie bereits angekündigt, werden wir ansonsten die Zwangsvollstreckung aus den bestehenden Titeln betreiben müssen.

Unsere Mandantin hat uns ferner mitgeteilt, dass Ihr Mandant die ältere Tochter im Rahmen ihres Betriebspraktikums vor Ort kontaktiert und permanent mit SMS u.a. in einem Maße überhäuft, das nicht mehr mit dem Kindeswohl vereinbar ist.

Wir bitten eindringlich darum, Ihrem Mandanten zu vermitteln, dass er sich an die festgelegten Umgangskontakte hält. Andernfalls sehen wir uns auch hier gezwungen, tätig zu werden.

[19] 17.04.2015

Mit freundlichem kollegialem Gruß

Rechtsanwältin

8. Schreiben Kanzlei „ehr&wehr“:[20]

G./A. Kindesunterhalt

Sehr geehrte Frau Kollegin,

in der vorbezeichneten Angelegenheit müssen wir Ihren Ausführungen im Schreiben vom 31.03. und erst recht vom 17.04.2015 widersprechen. Es trifft auch einfach nicht zu, dass auf Ihr Schreiben vom 17.11.2014 „nicht reagiert“ worden wäre. Zu Ihrer Erinnerung überreiche ich als **Anlage** in Kopie unser Schreiben, gerichtet an Sie und per Telefax gesandt, mit entsprechendem Sendebericht vom 26.11.2014. Es liegt hier ein Konvolut von Absagungen auf die Bewerbungen unseres Mandanten vor. In unserem Schreiben vom 17.11.2014 wurde dies bereits ausgeführt. Sie erhielten mit unserem Schreiben vom 26.11.2014 auch eine vollständige Kostenaufstellung unseres Mandanten über seine Wohnkosten, die nach der Aufstellung von 2014 monatlich 406,61 € im Schnitt betrugen, wobei hierin Reparaturen etc. noch nicht berücksichtigt waren, so dass er weit über die Kosten kam, die im Selbstbehalt zugrunde gelegt sind.

In den Bezügen aus seiner Tätigkeit sind selbstverständlich noch nicht enthalten die berufsbedingten Fahrtkosten, die im Streitfalle auch noch abgezogen werden müssten.

---

[20] 27.04.2015

Neben der Beschäftigung bei seinem Bruder hat unser Mandant sich weiterhin beworben. Die Tätigkeit bei seinem Bruder wurde begonnen mit der konkreten Aussicht, dass diese Tätigkeit in eine Vollzeittätigkeit übergehen würde, was dann aber leider nicht der Fall war. Wir überreichen als **Anlage** in Kopie das Schreiben vom 7. April 2015, auf das vollinhaltlich Bezug genommen wird.

Da die geplante Geschäftsentwicklung dort nicht realisiert werden konnte, ist unserem Mandanten zum Ende des Monats April 2015 gekündigt worden. Umgehend hat er sich beim Arbeitsamt als arbeitssuchend gemeldet.

Aufgrund der zahlreichen Absagen auf seine Bewerbungen, zuletzt die in Kopie als Anlage beigefügte Absage vom 20.03.2015, hat unser Mandant bereits seit einiger Zeit intensive Vorbereitungen getroffen, um sich selbstständig zu machen. Mit den zuständigen Stellen ist bereits Kontakt aufgenommen und ein Antrag auf staatliche Zuschüsse für die Selbstständigkeit gestellt worden. Unser Mandant geht davon aus, dass in Kürze aufgrund seiner intensiven Vorbereitungen, wie Gespräche mit zuständigen Behörden, Unternehmen und Verbänden in Kürze die von ihm anvisierte Selbstständigkeit begonnen werden kann mit entsprechenden Honorareinkünften.

Unser Mandant geht davon aus, dass seine Situation sich im Laufe des Monats Mai 2015 bereits klärt. Wir werden unaufgefordert hierzu gegen Ende des Monats Mai entsprechende Auskunft erteilen.

Mit freundlichen kollegialen Grüßen

für Rechtsanwalt (nach Diktat verreist):

Rechtsanwältin

9. Schreiben Kanzlei „ehr&wehr“:[21]

ANTRAG

Des Herrn A.

- **Antragsteller –**

gegen

1. Die ältere Tochter, vertreten durch ihre Mutter, Frau G.
2. Die jüngere Tochter, vertreten durch ihre Mutter, Frau G.

- **Antragsgegner –**

wegen **Abänderung von Unterhaltstiteln in Form von Jugendamtsurkunden.**

Namens und im Auftrage des Antragstellers stellen wir hiermit folgende Anträge:

1. Die zugunsten der Antragsgegnerin zu 1. bestehende Urkunde über die Verpflichtung zum Unterhalt Reg.-Nr. 2011 der Kreisverwaltung vom 24.05.2011 dahingehend abzuändern, dass der

[21] 13.07.2015

Antragsteller in der Zeit von Mai 2014 bis April 2015 keinen Unterhalt schuldet, für den Monat Mai 2015 lediglich 192,40 €,

2. die Urkunde über die Verpflichtung zum Unterhalt für die Antragsgegnerin zu 2. der Kreisverwaltung vom 24.05.2011 Reg.-Nr. 2011 dahingehend abzuändern, dass der Antragsteller für die Zeit ab Mai 2014 bis Mai 2015 nicht zahlungspflichtig ist.

Die beiden minderjährigen Antragsgegnerinnen sind die ehelichen Kinder des Antragstellers und ihrer Mutter, bei der der Lebensmittelpunkt der beiden Antragsgegnerinnen liegt.

Der Antragsteller hat die in Kopie beigefügten Unterhaltsurkunden **(Anlage 1 u. 2)** des Jugendamtes vom 24.05.2011 zugunsten seiner beiden Kinder errichtet. Zugrunde lag seinerzeit ein Einkommen des Antragstellers durch ALG I in Höhe von 50,75 € täglich, entsprechend 1.522,50 € monatlich.

Wir überreichen den seinerzeitigen Bewilligungsbescheid der Agentur für Arbeit vom 15.03.2011 in Kopie als **Anlage 3**.

Der Anspruch auf ALG I des Antragstellers endete im Januar 2014. Mit dem als **Anlage 4** beigefügten Schreiben an die gesetzliche Vertreterin der Antragsgegnerinnen vom 19.02.2014 teilte der Antragsteller dies mit, mit der Bitte um Zustimmung dazu, dass der Antragsteller derzeit und bis auf weiteres, bis zur Besserung seiner Einkommenssituation, keinen Unterhalt leisten muss.

Die Anwältin reagierte hierauf mit dem Kopie als **Anlage 5** beigefügten Schreiben vom 21.02.2014, mit dem darum gebeten wurde, die Leistungsfähigkeit nachzuweisen.

Der Antragsteller zahlte in der Folgezeit bis April 2014 den Unterhalt trotz Wegfalls seines Einkommens.

Er bewarb sich intensivst um eine Stelle, aber leider vergeblich.

Dies wurde der bevollmächtigten Anwältin von Frau G. mit dem in Kopie als **Anlage 6** beigefügten Schreiben vom 11.06.2014 mitgeteilt mit der beigefügten ersten Gehaltsabrechnung einer Stelle, die der Antragsteller dann in der freien Wirtschaft gefunden hatte, aus der er allerdings nur 734,39 € bezog. Diese Stelle nahm er an, weil hier nach Auskunft des Arbeitgebers die Aussicht bestand, dass diese Stelle in absehbarer Zeit erweitert würde entsprechend dem erwarteten Wachsen des Geschäftes des Arbeitgebers mit Südamerika. Von Seiten der Rechtsanwältin der Frau G. wurde hierauf mit dem in Kopie als **Anlage 7** beigefügten Schreiben vom 17.11.2014 reagiert. Mit dem als **Anlage 8** überreichten Schreiben vom 26.11.2014 wurden die Einkommensbelege übersandt in Form der Gehaltsabrechnungen von April bis November 2014, ebenso wurde mitgeteilt, dass insgesamt 27 Absagen vorlagen.

Auf das als **Anlage 9** überreichte Schreiben der Anwältin von Frau G., mit dem behauptet wurde, der Antragsteller habe die verlangte Auskunft nicht erteilt, wurde mit dem als Anlage 10 überreichten Schreiben der Verfahrensbevollmächtigten des Antragstellers vom 27.04.2015 geantwortet.

In der Zwischenzeit hat der Antragsteller sich intensivst um alternative Beschäftigungen bemüht und mit dem als **Anlage 11** überreichten Bescheid der Agentur für Arbeit vorübergehend wieder Arbeitslosengeld erhalten für die Zeit ab 01.05.2015. Dieser Bescheid wurde mit dem als **Anlage 12** überreichten Bescheid vom 22.05.2015 aufgehoben, da der Antragsteller ab dem 25.05.2015 Gründungszuschuss erhält für seine nunmehr aufgenommene Tätigkeit als Selbstständiger. Aufgrund dessen ist er nunmehr ab Juni 2015 – so hofft er jedenfalls – in der Lage, den vollen titulierten Unterhalt zu zahlen.

Es wird beantragt,

die Zwangsvollstreckung aus den beiden Jugendamtsurkunden, deren Abänderung begehrt wird, einstweilen einzustellen.

Vorsorglich wird beantragt,

Einstellung der Zwangsvollstreckung gegen Sicherheitsleistung.

Der vorstehende Antrag wird erforderlich, weil die Mutter der beiden Antragsgegnerinnen ungeachtet des Nachweises der zwischenzeitlichen schlechten Einkommensverhältnisse des Antragstellers nunmehr die Vollstreckung aus den beiden Titeln veranlasst.

Wir überreichen als **Anlage 13** die entsprechenden Belege der eingeleiteten Zwangsvollstreckung.

Rechtsanwalt

10. Schreiben des Amtsgerichts:[22]

In Sachen
A. ./. G.
wg. Unterhalt Kind

Sehr geehrte Frau G.,

beachten Sie bitte die diesem Schreiben beigefügte Antragsschrift sowie die beglaubigte Abschrift der Verfügung des Gerichts.

Geben Sie bitte bei allen Schreiben das vorstehend aufgeführte Geschäftszeichen an und fügen Sie bitte den Schriftsätzen und Anlagen immer die erforderliche Anzahl von Abschriften / Ablichtungen für die Gegenseite(n) und deren Verfahrensbevollmächtigte(n) bei.

Mit freundlichen Grüßen
Auf Anordnung

Justizbeschäftigte
Dieses Schreiben wurde elektronisch erstellt und ist ohne Unterschrift gültig.

[22] 06.08.2015

11. Schreiben Kanzlei „Schleiereule“ an das Amtsgericht:[23]

In Sachen

A. ./. G.

wg. Unterhalt Kind

zeigen wir an, dass wir die Antragsgegnerinnen, gesetzlich vertreten durch ihre Mutter, Frau G., in diesem Verfahren anwaltlich vertreten.

Wir werden beantragen zu erkennen:

1. Der Antrag zu Ziffer 1 wird zurückgewiesen.
2. Der Antrag zu Ziffer 2 wird zurückgewiesen.
3. Der Antrag auf einstweilige Einstellung der Zwangsvollstreckung wird zurückgewiesen.

Die Begründung der Anträge wird innerhalb der vom Gericht gesetzten Frist bis spätestens zum 04.09.2015 erfolgen.

Rechtsanwältin

[23] 17.08.2015

12. Schreiben Kanzlei „Schleiereule“ an das Amtsgericht:[24]

In Sachen

A. ./. G.

wg. Unterhalt Kind

nehmen wir Bezug auf unseren Schriftsatz vom 17.08.2015, in dem wir die Zurückweisung der gestellten Anträge beantragt haben.

Zur **Begründung** tragen wir folgendes vor:
Beim Unterhalt des minderjährigen Kindes gem. § 1603 Abs. 2 Satz 1 BGB gilt eine verschärfte Erwerbsobliegenheit des Antragstellers als barunterhaltspflichtiger Elternteil. Diese verschärfte Haftung hat zwei bedeutsame Konsequenzen. Zum einen gilt der niedrigere notwendige Selbstbehalt von 800 EUR für 2014 und 880 EUR ab 2015. Zum anderen werden von dem Antragsteller danach verschärfte Anstrengungen verlangt.

Neben der Meldung beim zuständigen Arbeitsamt als Arbeit Suchender hat der Antragsteller pro Woche mehrere Versuche zu unternehmen, um einen Arbeitsplatz zu finden. Ein großer Teil der Rechtsprechung verlangt vom Arbeitslosen Bewerbungsaktivitäten im Umfang einer Ganztagstätigkeit (=werktäglich mindestens eine Bewerbung, sodass der Nachweis von mindestens 20 Bewerbungen pro Monat verlangt wird). Die Bemühungen um einen Arbeitsplatz bestehen darin, auf in Frage kommende Stelleangebote zu reagieren, also sich zu bewerben und nach Möglichkeit vorzustellen und selbst Stellengesuche in der Zeitung

[24] 03.09.2015

zu inserieren. Das, was der Antragsteller hier vorgetragen hat, ist keinesfalls ausreichend und im Übrigen nicht nachgewiesen. Es liegt lediglich eine Absage vom 20.03.2015 vor. Die weiteren geschilderten 26 Absagen werden daher insoweit bestritten.

Auch unter dem Aspekt der zusätzlichen Nebentätigkeitsobliegenheit, die der Antragsteller von Anfang an gehabt hat, als er noch die Teilzeittätigkeit in der Firma seines Bruders bis zum April 2015 ausübte, konnte von ihm verlangt werden, eine zusätzliche Erwerbstätigkeit anzunehmen. Diese Verpflichtung hat ihm die Unterzeichnende mit ihren beiden Schreiben vom 31.03.2015 und 17.04.2015 nochmals verdeutlicht – Kopien als **Anlagen 01 und 02** anbei. Just zu diesem Zeitpunkt erhielt der Antragsteller dann bezeichnenderweise die Kündigung von seinem Bruder.

Wenn man dann noch weiß, dass die argentinische Firma mit dem Namen „O.“ mit Sitz in B. A., dem Cousin des Antragstellers und seines Bruders, Herrn R. M., Sohn des R. M. (seinerzeit einer der besten Freunde von M. und E.) gehört, verwundert es schon ein wenig, dass der Antragsteller angeblich keinerlei ausbaubare Möglichkeit mehr hat, bei seinem Bruder weiter zu arbeiten.

Über seine bisherigen, zusätzlichen Einkünfte schweigt sich der Antragsteller aus, sodass die Antragsgegnerin hier davon ausgehen muss, dass diese in einer die Leistungsfähigkeit begründenden Höhe fließen, zumal er sich jetzt in diesem Bereich auch selbstständig gemacht hat.

Dass die Antragsgegnerin dann im Mai 2015 die Zwangsvollstreckung des Mindestkinderunterhalts aus den bestehenden Titeln für den Zeitraum ab Mai 2014 betrieb, dürfte nachvollziehbar sein. Sie hat damit zuvorkommender Weise gezeigt, dass sie dem Antragsgegner eine Karenzzeit von Februar 2014 bis einschließlich April 2014 zugebilligt hat, innerhalb er ja die Chance gehabt hätte, sich um weitere Erwerbstätigkeiten zu bemühen, um den Kindesunterhalt sicherzustellen. Denn die Behauptungen des Antragstellers, er habe bis April 2014 den Unterhalt gezahlt, ist falsch. Tatsächlich hat er lediglich für den Monat Januar 2014 Kindesunterhalt gezahlt und danach nichts mehr.

Die in der Antragsschrift erwähnten Anlagen elf und zwölf liegen der Antragsgegnerin nicht vor. Sie mögen umgehend nachgereicht werden.

Schließlich sei noch erwähnt, dass der Antragsteller in 2011 rund 120.000 € geerbt hat. Nach eigenem Bekunden hat das Haus, das der Antragsteller jetzt ohne Finanzierungskosten zu haben, mietfrei bewohnt, 70.000 € gekostet. Der Verbleib der restlichen 50.000 € ist der Antragsgegnerin nicht bekannt. Sofern es hier um den Mindestunterhalt der Kinder geht, wäre es für den Antragsteller ein Leichtes gewesen, diesen aus der Summe zu begleichen. Schließlich ist nachweislich der Bezug SGB II Leistungen bei dem Antragsteller nicht möglich, da er dafür zu vermögend ist. Nicht zuletzt ermöglicht die vermögende Mutter des Antragstellers diesem (und seinem Bruder vermutlich auch) durch ihre reichhaltige finanzielle Unterstützung ein Leben ohne Existenznot und die Notwendigkeit zur Erwerbstätigkeit.

Der Antragsteller hat außer seiner Ausbildung als T. auch noch eine Ausbildung als H., so dass es ihm durchaus möglich wäre, zumindest um den Mindestkindesunterhalt aufzubringen, wieder in seinem früher erlernten Beruf zu arbeiten, ganz abgesehen davon, dass er sich bei der verschärften Erwerbsobliegenheit auch um eine Tätigkeit außerhalb seiner erlernten Berufe bemühen muss.

Im Ergebnis bleibt festzuhalten, dass dem Antragsteller zumindest fiktiv ein Einkommen, einschließlich mindestens 400 € Wohnvorteil, anzurechnen ist, das keinerlei Abänderung der bestehenden Jugendamtsurkunden rechtfertigt.

Die Anträge sind daher zurückzuweisen.

Bei der Terminierung eines Verhandlungstermins wird gebeten zu berücksichtigen, dass sich die Antragsgegnerin nach der Geburt noch bis zum 07.10.2015 in Mutterschutz befindet.

Rechtsanwältin

13. Schreiben Kanzlei „ehr&wehr“ an das Amtsgericht:[25]

In der Familiensache

A. ./. G.

bitten wir, uns wegen zwischenzeitlicher Erkrankung des alleinigen Sachbearbeiters und nunmehriger übermäßiger Arbeitsbelastung Gelegenheit zur Stellungnahme zum Schriftsatz der Antragsgegnerseite bis zum Ende des laufenden Monats zu geben.

Rechtsanwalt

[25] 22.09.2015

14. Schreiben Kanzlei „ehr&wehr“ an das Amtsgericht:[26]

In der Familiensache

A. ./. G.

nehmen wir zu den Ausführungen im antragsgegnerischen Schriftsatz vom 03.09.2015, hier am 09.09.2015 eingegangen, wie folgt Stellung:

1.

Es bleibt vollinhaltlich bei den Ausführungen in der Antragsschrift, die sämtlich durch entsprechende Anlagen belegt sind.

Da von Antragsgegnerseite die Bemühungen des Antragstellers um eine angemessene Tätigkeit bestritten werden, überreichen wir als **Anlage** in Kopie die Absagen, die er bedauerlicherweise auf seine diversen Bewerbungen erhalten hat.

Von Antragsgegnerseite wird gerügt, die Anlagen 11 und 12 zur Antragsschrift angeblich nicht erhalten zu haben. Diese werden deshalb hiermit nochmals in Kopie als **Anlage** überreicht.

Ab Ende Mai 2015 ist der Antragsteller nunmehr als Selbstständiger gewerblich tätig. Dass eine solche gewerbliche Tätigkeit nicht „aus dem Stand“ begonnen werden kann, versteht sich von selbst. So war der Antragsteller in den Monaten zuvor tätig durch Kontaktaufnahme in der

[26] 30.09.2015

näheren und weiteren Umgebung, Erstellung eines Konzepts zur Vorlage bei dem Arbeitsamt, um dort Gründungszuschuss zu erhalten. Unabhängig davon liegt die Absage vom 20.03.2015 vor, die verständlicherweise nicht ohne entsprechende Bewerbung erfolgt.
Während der Antragsteller nicht nur weiter auf der Suche nach einer Vollzeittätigkeit gewesen ist, sondern die ihm angebotene Gelegenheit, für die Gesellschaft seines Bruders tätig zu werden, ergriffen hat, lebt die Mutter der Antragsgegnerinnen seit langem ohne berufstätig zu sein von einem arbeitsfreien Einkommen, entsprechend ca. 2.000,00 € plus Kindergeld.

2.

Der Bruder des Antragstellers hat mit seiner Gesellschaft weder mit einer argentinischen Firma „O." zu tun noch mit Geschäften bzw. Kunden in Argentinien. Sein Geschäftsfeld liegt 7.500 km weiter nördlich in Mexiko.

Beweis: Zeugnis des Bruders.

Zwischen der Gesellschaft des Bruders und der Firma „O." in B. A. bestanden zu keinem Zeitpunkt geschäftliche Kontakte. Die entsprechenden Ausführungen auf Antragsgegnerseite empfindet der Antragsteller als boshaft. Mit dem Sachverhalt des Unterhalts haben diese nun wirklich nichts zu tun.

3.

Ergänzend sei noch auf folgendes hingewiesen:

Die Arbeitsstelle des Antragstellers für die Gesellschaft seines Bruders war von Anfang an auf Erweiterung angelegt. Der Firmeninhaber hatte auch bereits mit Investoren eine weitere GmbH gegründet. Es war geplant, dass der Antragsteller in dieser Firma verstärkt eingesetzt werden solle.

Beweis: Zeugnis des Bruders.

Im Laufe des Jahres ergaben sich dann jedoch Joint-Venture Partnern Schwierigkeiten, so dass das ganze Projekt sich so verzögerte, dass der Arbeitgeber sich gezwungen sah, dem Antragsteller aus betriebsbedingten Gründen zu kündigen.

Beweis: Wie vor.

4.

Der Antragsteller hat auch keineswegs 120.000,00 € geerbt. Das Erbe nach seinem verstorbenen Vater in 2011 betrug 70.000,00 €. Um nach dem Scheitern der Ehe eine Bleibe zu haben und gleichzeitig angesichts der bis dato äußerst geringfügigen Alterssicherung eine Investition für das Alter zu tätigen, kaufte der Antragsteller das gegenwärtig von ihm bewohnte Haus zum Kaufpreis von brutto (einschließlich der Nebenkosten für Notar und Grunderwerbssteuer) 85.000,00 €. Die weiteren 15.000,00 € flossen zu Renovierungen in das Haus. Die Differenzbeträge erhielt er zweckbestimmt für das Haus von seiner Mutter.

Bezüglich des von Antragsgegnerseite geltend gemachten fiktiven Einkommens wegen des Wohnvorteils ist bereits in der Antragsschrift das Erforderliche ausgeführt und durch die Aufstellung des Antragstellers über die aufzuwendenden Kosten für das Wohnen im Hause von durchschnittlich 500,00 € im Monat nachgewiesen.

Die Anmerkung A5 der Düsseldorfer Tabelle sieht einen Betrag von 380.00 € für Unterkunft einschließlich umlagefähiger Nebenkosten und Heizung in dem Selbstbehalt enthalten vor. Die Wohnkosten des Antragstellers gehen nachweislich hierüber hinaus, sodass ein Selbstbehalt grundsätzlich um 120,00 € erhöht werden muss.

5.

Davon abgesehen argumentiert die Antragsgegnerseite mit Selbstbehalten von 800,00 bzw. 880,00 €, die für den Antragsteller nicht zutreffen, da er in der hier maßgeblichen Zeit berufstätig war im Rahmen des Anstellungsverhältnisses bei der Firma seines Bruders und zwar in der Zeit vom 15.04.2014 bis 30.04.2015. Weder hat der Antragsteller weiteres Vermögen noch hatte er in der maßgeblichen Zeit weiteres Einkommen.

Den Job als H. hat der Antragsteller letztmalig vor 25 Jahren ausgeübt. Es ist einfach unsinnig, wenn davon ausgegangen wird, er könne diesen Beruf noch ausüben, abgesehen davon, dass der Antragsteller durch den Schlaganfall, der durchaus gerichtsbekannt ist, über längeren Zeitraum in seiner Beweglichkeit und Feinmotorik gravierend eingeschränkt war.

Zur Wahrheit gehört, dass der Antragsteller für den Monat Mai 2015 entsprechend seinen Einkünften einen Teilunterhalt gezahlt hat und ab Juni monatlich den vollen titulierten Unterhalt gezahlt hat.

Rechtsanwalt

15. Schreiben Kanzlei „Schleiereule“ an das Amtsgericht:[27]

In Sachen

A. ./. G.

wg. Unterhalt Kind

wird zu dem Schriftsatz des Antragstellers vom 30.09.2015 wie folgt Stellung genommen:

Zu 1:

Die Bemühungen des Antragstellers um eine ihm angemessen erscheinende Tätigkeit im gesamten Jahr 2014 erfolgten durch lediglich 6 Bewerbungen.
Davon waren 4 von vornherein aussichtslos, da der Antragsteller für diese Stellen a) keine Anstelllungsfähigkeit hatte, b) durch schlechte Vornoten nicht zum Bewerbungsverfahren zugelassen werden konnte, oder c) sich einfach zu spät beworben hat.
Diese Alibibewerbungen haben nichts zu tun mit den hohen Anforderungen des Gesetzgebers an Unterhaltspflichtige. Neben der Meldung beim zuständigen Arbeitsamt als Arbeit Suchender hat der Antragsteller pro Woche mehrere Versuche zu unternehmen, um einen Arbeitsplatz zu finden.

Ein großer Teil der Rechtsprechung verlangt vom Arbeitslosen Bewerbungsaktivitäten im Umfang einer Ganztagstätigkeit (= werktäglich

[27] 21.10.2015

mindestens eine Bewerbung, sodass der Nachweis von mindestens 20 Bewerbungen pro Monat verlangt wird).

Um andere Tätigkeiten außerhalb seines Berufes (Vornoten reichen nicht, um zu Bewerbungsverfahren zugelassen zu werden), z.B. Hilfstätigkeiten unter seiner Qualifizierung, die geeignet wären, den Kindesunterhalt für seine Kinder zu erwirtschaften, hat sich der Antragsteller nicht bemüht.

Die beruflichen und wirtschaftlichen Verhältnisse der Mutter der Antragsgegnerinnen sind nicht Gegenstand dieses Verfahrens und sind im Übrigen so nicht zutreffend.

Zu 2:

Der Antragsteller und auch sein Bruder haben verwandtschaftliche Beziehungen zu O. in Argentinien.

Zu 3:

Der Mutter der Antragsgegnerinnen fällt es ausgesprochen schwer, an eine betriebsbedingte Kündigung zu glauben, zumal diese gerade in dem Zeitraum erfolgt ist, in dem die Antragsgegnerin Vollstreckungsmaßnahmen aus dem titulierten Kindesunterhalt einleitete.

Zu 4:

Der Antragsteller erbte 2011 einen Betrag von 70.000,00 € von seinem verstorbenen Vater, sowie 50.000,00 € vom verstorbenen 2. Mann seiner

Mutter. Zusammen mit den 15.000,00 € für Renovierungsarbeiten, die der Antragsteller auch von seiner Mutter erhielt, handelt es sich insgesamt um eine ererbte Summe von 135.000,00 €.
Um sein Vermögen vor den Unterhaltsforderungen seiner Kinder, Unterhaltsvorschusskassen und anderer Kassen zu schützen, kaufte der Antragsteller für sich ein feudales, großes Haus mit 150m² Wohnfläche und 2000m² Grundstück. Dort wohnt er allein. Daher sind die monatlichen aufzuwendenden Kosten natürlich deutlich höher als die in der Düsseldorfer Tabelle vorgesehenen Wohnkosten.
Dieser Umstand kann vom Antragsteller jedoch nicht als Argument für eine Heraufsetzung seines Selbstbehalts verwendet werden. Denn zum Zeitpunkt des Immobilienerwerbs bestand seine Unterhaltsverpflichtung bereits, sodass diese schon damals zu berücksichtigen war. Das mietfreie Wohnen führt jedenfalls zu einer Erhöhung des unterhaltsrechtlich relevanten Einkommens.

Zu 5:

Der rückständige Kindesunterhalt wurde von dem Antragsteller erst ab Mai 2014 gefordert, nachdem man ihm zunächst eine Schonzeit eingeräumt hatte, um seiner Unterhaltsverpflichtung nachzukommen.

Nach alledem sind die Ausführungen des Antragstellers nicht geeignet, ihn von seiner Verpflichtung zur Zahlung des Mindestkinderunterhalts zu befreien. Der Antrag ist daher zurückzuweisen.

Rechtsanwältin

16. Schreiben des Amtsgerichts: [28]

In Sachen

A. ./. G.

wg. Unterhalt Kind

Sehr geehrte Frau G.,

im oben bezeichneten Verfahren wurde der Termin zur Anhörung bestimmt auf:

Wochentag und Datum: **Donnerstag, 17.12.2015**

Uhrzeit: **13:15 Uhr**

Zu diesem Termin werden Sie hiermit geladen.

Ihr persönliches Erscheinen zum Termin ist angeordnet.

Mit freundlichen Grüßen

Auf Anordnung

Justizbeschäftigte

Dieses Schreiben wurde elektronisch erstellt und ist ohne Unterschrift gültig.

---

[28] 09.11.2015

17. Schreiben des Amtsgerichts:[29]

Protokoll

aufgenommen in der nichtöffentlichen Sitzung des Amtsgerichts – Familiengericht – am Donnerstag, 17.12.2015

Gegenwärtig:

Richterin am Amtsgericht

Von der Zuziehung eines Protokollführers wurde gemäß §§ 113 FamFG, 159 Abs. 1 ZPO abgesehen.

In der Familiensache

A.

- Antragsteller –

gegen

G.

- **Antragsgegnerinnen –**

wegen Kindesunterhalt

[29] 22.12.2015

erscheinen bei Aufruf der Sache:

- der Antragsteller persönlich und Rechtsanwalt
- für die Antragsgegnerinnen die gesetzliche Vertreterin im Beisein von Frau Rechtsanwältin

Die Sachlage wird ausführlich erörtert.

Auf Nachfrage gibt der Antragsteller an, dass er bis 31.1.2011 als Angestellter beschäftigt war. Am 1.8.2011 habe er dann den Schlaganfall erlitten. Er habe Krankengeld bezogen bis Ende 2012.

Die Sachlage wird ausführlich erörtert.
Die einzelnen Rechtsansichten werden besprochen.

Antragsteller-Vertreter stellt die Anträge aus der Antragsschrift vom 13.7.2015.

Antragsgegner-Vertreterin beantragt, die Anträge zurückzuweisen.

b.u.v.:

Termin zur Verkündigung einer Entscheidung wird bestimmt – im Hinblick auf die Feiertage – auf **Donnerstag, den 14.1.2016, 13.50 Uhr**.

Protokoll wurde fertiggestellt am: 18.12.2015

Richterin am Amtsgericht

Justizbeschäftigte
als Urkundsbeamtin der Geschäftsstelle zugleich für die Richtigkeit und Vollständigkeit der Übertragung vom Tonträger.

Der Tonträger wird frühestens 1 Monat nach Zugang des Protokolls gelöscht, sofern keine Einwendungen erhoben werden.

18. Schreiben des Amtsgerichts:[30]

In der Familiensache

A.

- Antragsteller –

gegen

G.

- **Antragsgegnerinnen –**

wegen Kindesunterhalt

hat das Amtsgericht – Familiengericht durch den Direktor des Amtsgerichts am 06.01.2016 beschlossen:

Der Verkündigungstermin vom 14.01.2016 wird wegen Erkrankung der Vorsitzenden und deren anschließender Urlaubsabwesenheit verlegt auf

Mittwoch, den 10.02.2016, 13.15 Uhr

[30] 08.01.2016

19. Schreiben des Amtsgerichts:[31]

Beschluss

In der Familiensache

A.

- Antragsteller –

gegen

G.

- **Antragsgegnerinnen –**

wegen Kindesunterhalt

hat das Amtsgericht – Familiengericht durch die Richterin am Amtsgericht am 10.02.2016 auf Grund der mündlichen Verhandlung vom 17.12.2015 beschlossen:

1. Die Anträge werden zurückgewiesen.

2. Die Kosten des Verfahrens trägt der Antragsteller.

[31] 10.02.2016

Gründe:

Der Antragsteller begehrt die Abänderung von zwei Unterhaltstiteln in Form von Jugendamtsurkunden.
Die beiden Antragsgegnerinnen sind die minderjährigen ehelichen Kinder des Antragstellers und leben im Haushalt der Mutter.

Der Antragsteller hat eine Ausbildung als H. abgeschlossen und sodann noch eine Ausbildung im Fach T. absolviert.
Zugunsten der beiden Antragsgegnerinnen errichtete der Antragsteller Unterhaltstitel in Form von Jugendamtsurkunden am 24.05.2011 auf jeweils 100 % des Mindesunterhaltes, abzüglich des hälftigen Kindergeldes. Zu dieser Zeit erhielt der Antragsteller Arbeitslosengeld I in Höhe von 1.522,50 € monatlich. Am 01.08.2011 erlitt er einen Schlaganfall und bezog dann Krankengeld bis Ende 2012. Bis Januar 2014 erhielt er weiterhin Arbeitslosengeld I in Höhe von 1.522,50 €. Ab 15.04.2014 war er Teilzeit erwerbstätig im Rahmen von 15 Wochenstunden zu einem Festgehalt von 920,00 € brutto, was einem Nettogehalt von 734,39 € entsprach. Arbeitgeberseits wurde das Arbeitsverhältnis zum 30.04.2015 gekündigt. Ab dem 01.05.2015 bezog er zunächst erneut Arbeitslosengeld und erhielt dann ab dem 25.05.2015 einen monatlichen Gründungszuschuss von 1.836,30 € für eine selbstständige Tätigkeit. Der Antragsteller wohnt mietfrei in seinem eigenen lastenfreien Hausanwesen mit einer Wohnfläche von ca. 150 m².
Im Jahr 2013 hat sich der Antragsteller erfolglos beworben. Es folgten im Jahr 2014 weitere Bewerbungen, die ebenfalls aus diversen Gründen erfolglos blieben.

Der Antragsteller ist der Auffassung, dass er im Zeitraum von Mai 2014 bis April 2015 nicht leistungsfähig gewesen sei.

Er beantragt deshalb,

1. die zugunsten der Antragsgegnerin zu 1. bestehende Urkunde über die Verpflichtung zum Unterhalt dahingehend abzuändern, dass der Antragsteller in der Zeit von Mai 2014 bis April 2015 keinen Unterhalt schuldet, für den Monat Mai 2015 lediglich 192,40 €;

2. die Urkunde über die Verpflichtung zum Unterhalt für die Antragsgegnerin zu 2. dahingehend abzuändern, dass der Antragsteller für die Zeit ab Mai 2014 bis Mai 2015 nicht zahlungspflichtig ist.

Die Antragsgegnerinnen beantragen,

den Antrag zurückzuweisen.

Sie tragen im Wesentlichen vor,

dem Antragsteller sei zumindest ein fiktives Einkommen zuzurechnen. Er habe sich nicht ausreichend um eine Arbeitsstelle bemüht. Des Weiteren sei zu berücksichtigen, dass er mietfrei in einem riesigen Hausanwesen lebe. Hier sei ihm mindestens ein Wohnvorteil von 400,00 € zuzurechnen.

Wegen der weiteren Einzelheiten zum Sach- und Streitstand wird auf die zwischen den Parteien gewechselten Schriftsätze sowie zu den Akten gereichten Unterlagen Bezug genommen.

Der zulässige Abänderungsantrag ist unbegründet, da der Antragsteller im streitgegenständlichen Zeitraum als leistungsfähig zu betrachten ist.

Den Antragsteller trifft gegenüber den minderjährigen bedürftigen Antragsgegnerinnen die verschärfte Unterhaltspflicht nach § 1603 Abs. 2 Satz 1 BGB. Unbestritten reichen die tatsächlichen Einkünfte des Antragstellers nicht aus, um den Mindestunterhalt zu zahlen. Allerdings wird seine Leistungsfähigkeit nicht nur durch die tatsächlich vorhandenen, sondern auch durch solche Mittel bestimmt, die er bei gutem Willen durch eine zumutbare Erwerbstätigkeit unter Umständen auch im Wege eines Orts- oder Berufswechsels erreichen könnte. Ihn trifft unterhaltsrechtlich die Obliegenheit, seine Arbeitsfähigkeit in bestmöglicher Weise einzusetzen und eine mögliche Erwerbstätigkeit auszuüben. Gegenüber minderjährigen Kindern erfährt diese Verpflichtung aufgrund des § 1603 Abs. 2 BGB eine „Verschärfung" dahin, dass die Unterhaltspflichtigen eine erheblich gesteigerte Verpflichtung zur Ausnutzung der Arbeitskraft trifft. Legt der für seine Leistungsfähigkeit darlegungs- und beweisbelastete Unterhaltsverpflichtete nicht dar, dieser Obliegenheit vollständig gerecht geworden zu sein, so muss er sich so behandeln lassen, als ob er über ein Einkommen verfügt, welches für ihn bei gesetzestreuem Verhalten erzielbar gewesen wäre. Verfügt der Unterhaltsverpflichtete zwar über Einkünfte aus einer beruflichen Tätigkeit, reichen diese jedoch nicht aus, um den Mindestbedarf zu decken, so ist er zudem gehalten, entweder eine Nebentätigkeit aufzunehmen oder sich um einen insgesamt besser bezahlten Arbeitsplatz zu bemühen. Insofern rügen die Antragsgegnerinnen völlig zutreffend, dass der Antragsteller keine ausreichenden Erwerbsbemühungen dargelegt und dokumentiert hat. Im Jahr 2013 erfolgten lediglich Bewerbungen um eine Stelle. Andere Bewerbungsbemühungen um andere Arbeitsplätze entsprechend seinem Ausbildungsniveau sind nicht dargetan. Im Jahr 2014 sind lediglich 4 Bewerbungen dokumentiert. Aus den vorgelegten Unterlagen ergibt sich insbesondere, dass die vom Antragsgegner erworbene Qualifikation für die Besetzung einer Stelle offensichtlich nicht ausreichend ist, zudem nur wenige freie Stellen überhaupt zu besetzen sind. Es fehlen gänzlich Bewerbungen in anderen Arbeitsbereichen. Auch inwieweit Erwerbsbemühungen unter Zurhilfenahme des Arbeitsamtes oder anderer Jobbörsen durchgeführt wurden, sind nicht dargelegt. Auch Erwerbsbemühungen außerhalb der erworbenen Ausbildung sind offensichtlich nicht im erforderlichen Umfang getätigt worden. Dies gilt insbesondere, als der Antragsteller im streitgegenständlichen Zeitraum lediglich 15 Wochenstunden als Bürokraft tätig war. Weitere Erwerbsbemühungen dahingehend, die Arbeitszeit durch die Aufnahme zum Beispiel eines Minijobs aufzustocken, um so weiteres Einkommen zu erzielen, sind nicht dargelegt. Die vom Antragsteller dargelegten Erwerbsbemühungen sind deshalb als gänzlich unzureichend anzusehen, so dass ihm grundsätzlich ein fiktives Einkommen anzurechnen ist.

Der Antragsteller verdiente im Zeitraum von Mai 2014 bis einschließlich April 2015 aus einer Teilzeiterwerbstätigkeit 743,39 € netto. Hinzuzurechnen ist ihm ein Wohnvorteil für ein mietfreies Wohnen im lastenfreien eigenen Haus. Unbestritten beträgt die Wohnfläche 156 m², so dass ihm ein Wohnvorteil in Höhe von 600,00 € monatlich anzurechnen ist, welcher sich grundsätzlich an der bei einer Fremdvermietung erzielbaren objektiven Marktmiete bemisst. Im vorliegenden Fall ist das Gericht der Auffassung, dass es dahingestellt bleiben kann, ob der Antragsteller bei ausreichenden Erwerbsbemühungen eine Vollzeitstelle hätte erlangen können, die ihn in die Lage versetzt, den Mindestunterhalt für die beiden Antragsgegnerinnen zu zahlen. Ohne Zweifel wäre es ihm jedoch möglich gewesen, einen entsprechenden Minijob mit einem monatlichen Nettolohn von 450,00 € neben seiner Teilzeiterwerbstätigkeit auszuüben. Mit diesem zusätzlichen Einkommen und unter Anrechnung eines Wohnvorteils wäre der Antragsteller durchaus in der Lage gewesen, den Mindestunterhalt für die beiden Kinder in Höhe von insgesamt 606,00 € zu zahlen. Zur Berechnung wird insoweit auf die als Anlage beigefügte Berechnung vollumfänglich Bezug genommen. Im Monat Mai 2015 erhielt der Antragsteller Arbeitslosengeld in Höhe von 1.536,30 € sowie danach einen Gründungszuschuss von 1.836,30 €. Unter Berücksichtigung des anzurechnenden Wohnvorteils ist für diesen Zeitraum uneingeschränkte Leistungsfähigkeit zu bejahen.

Nach alledem war die Abänderungsklage als unbegründet abzuweisen.

Richterin am Amtsgericht

Erlass des Beschlusses (§ 38 Abs. 3 Satz 3 FamFG):
Verkündung durch Vorlesen der Beschlussformel am 10.02.2016

Justizbeschäftigte
als Urkundsbeamtin der Geschäftsstelle

Beglaubigt:

Justizbeschäftigte
als Urkundsbeamtin der Geschäftsstelle

FSC
www.fsc.org
MIX
Papier | Fördert gute Waldnutzung
FSC® C083411

Kolibri 360 GmbH
Ferdinand-Jühlke-Straße 7
99095 Erfurt, Deutschland
produktsicherheit@kolibri360.de

Druck:
CPI Druckdienstleistungen GmbH
im Auftrag der
Kolibri 360 GmbH
Ferdinand-Jühlke-Str. 7
99095 Erfurt